DES

COULEURS VITRIFIABLES

ET DE LEUR EMPLOI

POUR LA PEINTURE

SUR

PORCELAINE, FAIENCE, VITRAUX, &^a

DES

COULEURS VITRIFIABLES

et de leur emploi

POUR LA PEINTURE

SUR

PORCELAINE, FAIENCE, VITRAUX, &ª

Par A. LACROIX

Chimiste ; ex-élève des laboratoires de M. Pelouze et de la Manufacture de Sèvres.

NOTICES ET RENSEIGNEMENTS

Par MM. FRAGONARD, FONTAINE et GOUPIL, *de la Manufacture de Sèvres* ;

RIOTTOT, — CHARLES HOURY,

CLAUDIUS LAVERGNE, — BOURIÈRES (EM.), — DAGRON.

PARIS

Chez A. LACROIX, Avenue Parmentier, 8

(*près l'hôpital Saint-Louis*)

ET DANS LES PRINCIPAUX MAGASINS D'ARTICLES POUR LA PEINTURE ARTISTIQUE.

1872

INTRODUCTION

Beaucoup d'artistes et d'amateurs voulant peindre sur porcelaine, sur faïence et sur verre, viennent journellement me demander des renseignements sur les couleurs, leur emploi, le mélange qu'on peut en faire, la température nécessaire pour les développer et surtout sur le *broyage* qui a toujours été le plus grand écueil des commençants.

Un grand nombre d'entre eux renonçait à continuer un genre de peinture qui exigeait une perte de temps assez longue jointe à une opération des moins récréatives; de plus, les couleurs n'étant presque jamais assez finement broyées s'employaient bien plus difficilement et ne prenaient souvent pas par la cuisson l'éclat et la fraîcheur qui sont l'un des grands attraits des peintures vitrifiées.

Parmi les personnes qui ont l'habitude d'employer des couleurs, il y a bien des artistes de talent dont les œuvres sont cotées à haut prix; le broyage et la préparation des couleurs à l'essence, qu'ils ont coutume de faire eux-mêmes pour plus de sécurité, constituent pour eux une dépense *indirecte* qui augmente singulièrement le prix qu'ils croient payer pour leurs couleurs.

En 1855, au moment de notre première Exposition universelle, les couleurs vitrifiables françaises se vendaient encore dans le commerce simplement pulvérisées, c'est-à-dire en poudre plus ou moins fine ayant la dureté d'un grain de sable. Vers cette époque, l'importation des couleurs anglaises pour porcelaine prit un certaine extension, un peu pour leur bon marché, mais surtout parce que leur *premier broyage* présentait une grande économie sur le *broyage définitif* ainsi abrégé de moitié. C'est pourquoi j'ai monté d'abord un système de broyage *à la main* qui m'a permis, dès 1858, de fournir les couleurs vitrifiables, sans augmentation de prix, au même degré de finesse que celles des Anglais. En 1865, j'ai substitué la *vapeur* au travail à la main pour la pulvérisation et le broyage des couleurs. En 1869, la fabrique de la rue Parmentier put livrer au commerce des couleurs *rebroyées à l'eau* (1) en poudre *complétement impalpable*, ce qui n'avait pas encore été fait *industriellement*; ces couleurs sont vendues moyennant un supplément de prix *certainement inférieur* au prix de revient de ce *rebroyage* dans les ateliers de peinture.

Néanmoins, bien des artistes, des élèves en peinture céramique et surtout beaucoup d'artistes amateurs, aimaient mieux peindre à l'huile ou à l'aquarelle que de continuer un genre de travail où la préparation des couleurs prenait d'une manière fastidieuse une partie de leur temps.

---

(1) Le *rebroyage* est un second broyage exigeant au moins autant de temps que le premier broyage de *fabrication*.

Afin d'ôter aux couleurs vitrifiables cette grande cause d'infériorité, et en même temps de mettre les amateurs à même d'éviter plusieurs des ennuis des commençants, j'ai fait mettre dans des *tubes d'étain* (1) des couleurs parfaitement *broyées et délayées à l'essence*. Les couleurs à l'essence ont à peu près toutes leur ton naturel au moment de l'emploi. Un papier de couleur placé sur le tube indique approximativement la nuance de la couleur (2). Enfin, pour donner toutes facilités, je me suis mis en rapport avec les maisons les plus importantes, spéciales pour les artistes, de manière qu'on puisse trouver ces couleurs dans tous les quartiers de Paris et dans les principales villes de France, aussi bien qu'en Italie, en Belgique et en Angleterre. On pourra également voir les couleurs échantillonnées et *cuites* sur des assiettes que les dépositaires de la maison céderont aux personnes qui le désireront.

Les *couleurs vitrifiables en tubes* sont vendues dans tous les dépôts de Paris, d'après un tarif uniforme à la disposition de l'acheteur. En Province et à l'Étranger, c'est exactement le même tarif, auquel pourra être ajouté une très-minime augmentation pour les frais de transport.

J'ai cru, malgré ce qui précède, que j'étais loin d'avoir encore répondu suffisamment aux justes demandes des artistes et des amateurs ; aussi ai-je été amené à écrire cette petite brochure. Plusieurs artistes émérites, céramistes et

(1) Comme on le verra plus loin (*Composition chimique des couleurs*), l'étain étant une base colorante pour les blancs, ne peut en aucune manière nuire aux couleurs contenues dans les tubes.

(2) Avec ces couleurs on peut facilement avoir des boîtes asssorties, depuis celles qui renferment les teintes nécessaires, jusqu'aux boîtes complètes avec accessoires et palette entière.

verriers, ont bien voulu m'aider en prenant eux-mêmes la plume pour approuver mes travaux et donner d'excellents conseils et avis aux personnes qui désirent peindre en employant les couleurs vitrifiables. J'ai cru devoir pour plus d'exactitude reproduire *textuellement* les lettres que j'ai reçues ou qui m'ont été communiquées, bien que plusieurs d'entre elles renferment des éloges trop bienveillants pour moi.

A. LACROIX.

Septembre 1872.

I

CONSIDÉRATIONS GÉNÉRALES

———

MATIÈRE COLORANTE ET FONDANT DES COULEURS VITRIFIABLES.

On comprend généralement sous le nom de *couleurs vitrifiables* toutes les couleurs *minérales* qui se vitrifient par l'action de la chaleur.

Les couleurs vitrifiables sont habituellement composées de deux parties, la *matière colorante* et la *matière vitreuse*.

1° La *matière colorante* proprement dite ne contenant quelquefois qu'un seul métal ou oxyde métallique *colorant* tel que le cobalt pour les bleus, le cuivre pour les verts d'eau, le fer pour les rouges, etc., etc., et le plus souvent plusieurs oxydes métalliques combinés tels que le chrôme et le cobalt dans les verts de chrôme, le cobalt et le fer dans les bruns, etc.

2° La *matière vitreuse*, destinée à faire adhérer et fixer la matière colorante sur les objets à peindre, est connue sous le nom générique de *Fondant*.

La plupart des fondants sont composés de sable (silice, silex, etc,) et de plomb (minium, mine orange, litharge, etc.), auxquels on ajoute souvent du borax ou de l'acide borique.

Le fondant, tout en fixant la matière colorante sous l'action du feu (1), doit lui donner du brillant et de l'éclat en même temps que l'inaltérabilité du cristal.

Lorsque des couleurs cuisent à des températures très-élevées (aux grands feux de four) le ramollissement de la couverte par la chaleur suffit dans certains cas pour fixer la matière colorante

____

(1) La température varie suivant la nature des couleurs et celle des objets décorés.

avec de petites quantités de fondant et même quelquefois (très-rarement il est vrai) sans autre fondant que la couverte elle-même.

M. Salvétat, chef des travaux chimiques à la Manufacture de Sèvres, divise en trois classes les couleurs vitrifiables pour porcelaine (1) :

1° Les couleurs de moufle ordinaire; ce sont celles de la palette à peindre habituelle;

2° Les couleurs de demi-grand feu à la moufle (couleurs dures). Ces couleurs ont l'avantage, après une cuisson préalable, de pouvoir supporter la dorure, et la peinture avec des couleurs tendres, sans être altérées au second feu de moufle ordinaire;

3° Les couleurs au grand feu. — Les couleurs au grand feu cuisent au feu de four avec la couverte de la porcelaine.

CUISSON DES COULEURS.

On doit d'abord faire bien sécher, *lentement* autant que possible et à l'abri de la poussière, les pièces qui ont été peintes ; il faut éviter avec soin l'humidité et les tenir dans un endroit sec jusqu'à la cuisson.

REMARQUE. — Bien des artistes désirent cuire par eux-mêmes; mais la perte de temps, l'installation, les dépenses et les difficultés inévitables à vaincre pour arriver à un bon résultat, y font généralement renoncer ceux qui habitent Paris où l'on peut s'en dispenser avec facilité et économie, grâce aux peintres décorateurs du commerce dont plusieurs veulent bien cuire pour un prix relativement peu élevé les peintures qu'on leur apporte. — J'indique à l'article INDICATIONS DIVERSES quelques maisons qui s'en occupent et le font avec soin.

Précautions pour une bonne cuisson. — Les moufles doivent être parfaitement sèches. Plus une moufle sert souvent et mieux elle vaut si elle n'a pas de fissures. — Lorsqu'une moufle a été quelque temps sans servir, il est prudent de la chauffer préalablement à la cuisson effective, et cela à une température supérieure à celle qu'on veut obtenir ensuite, afin de s'assurer que la cuisson ne fera dégager aucune vapeur nuisible aux couleurs.

____

(1) *Salvétat.* — Leçons de céramique.

Montres. — Lors même qu'on aurait l'œil habitué à juger de l'intensité du feu, il est bon d'avoir toujours une *montre* (c'est-à-dire une petite plaque de porcelaine, de verre, de cristal ou de terre de pipe, suivant la composition des pièces à cuire) avec une ou plusieurs des couleurs des plus sensibles au feu parmi celles employées dans les peintures mises à la moufle. Lorsque la cuisson est en train on retire de temps en temps la montre pour examiner l'état de développement de la couleur et arrêter le feu lorsqu'on le juge convenable. On emploie habituellement des carmins à cet effet ; pour un feu de moufle de porcelaine on se guide généralement sur le carmin n° 2 en France, et sur le carmin n° 1 en Angleterre ; pour la cuisson des faïences fines (terres de pipe) le feu de carmin n° 1 est préférable.

Conseils et Avis. — Pour éviter toute erreur sur le nom des couleurs, leur qualité, leur fusibilité, etc., il est toujours préférable pour un artiste qui n'a pas une palette connue, de s'approvisionner d'avance de couleurs et d'en faire l'essai en petit par quelques touches sur des tessons qu'on fait cuire avant d'employer les couleurs pour son travail.

Toutes les couleurs vitrifiables, même de bonne qualité, venant de différents fabricants, ne se mêlent pas toujours très-bien ensemble, chacun d'eux ayant ses fondants spéciaux et ses procédés particuliers de fabrication. Le mieux est donc pour un artiste de choisir le fabricant qui lui inspire le plus de confiance et de prendre chez lui *toute sa palette ;* il sera ainsi bien plus assuré de la bonne réussite de ses peintures, toutes ses couleurs ayant une unité de fabrication et de fusibilité qui leur permettent de donner toujours le même résultat à une température déterminée.

DES COULEURS VITRIFIABLES

AU POINT DE VUE CHIMIQUE

Il est utile de connaître un peu la composition chimique des couleurs pour comprendre certaines réactions qui peuvent se produire à la cuisson, par suite du mélange des divers tons en peinture. C'est pourquoi, sans donner la composition complète de chaque couleur, je vais indiquer brièvement les oxydes colorants des divers groupes sans m'occuper des fondants dont l'action est bien moins directe sur la teinte des couleurs.

Ces indications, données sur les *couleurs vitrifiables au feu de moufle*, en général, s'appliquent plus spécialement à la *palette n° 1*. (*Voir* le chapitre suivant.)

CLASSIFICATION DES COULEURS

PAR RAPPORT AU FER

Le fer joue un rôle très-important dans la composition d'un grand nombre de couleurs vitrifiables ; aussi l'ai-je pris comme type pour ma classification des couleurs en *trois groupes.*

PREMIER GROUPE. — *Couleurs ne contenant pas de fer :* 1° les blancs ; 2° les bleus ; 3° les couleurs d'or.

Le couteau de *corne* ou d'*ivoire* est préférable pour l'emploi des couleurs de ce groupe.

Une molette en *verre* vaut encore mieux que les couteaux.

DEUXIÈME GROUPE. — *Couleurs peu sensibles à des traces de fer.* — Ce groupe comprend les jaunes et les verts, couleurs dont plusieurs contiennent du fer en petite quantité.

TROISIÈME GROUPE. — *Couleurs à base de fer ou dont le fer est l'une des parties colorantes :* 1° les rouges, chairs, bruns-rouges, et les violets de fer ; 2° les bruns, bruns-jaunes, ocres, noirs, et la plupart des gris.

PREMIER GROUPE

COULEURS NE CONTENANT PAS DE FER

1° BLANCS. — Les blancs doivent presque tous leur teinte à l'étain, à l'arsenic ou au phosphate de chaux.

2° BLEUS. — Tous les bleus, sauf de très-rares exceptions, doivent leur coloration au cobalt.

Le cobalt colore habituellement à deux états : *à l'état de silicate* (1), le cobalt donne des bleus foncés qui sont avivés ou modifiés pendant la fusion par le zinc, la soude ou la potasse; ils peuvent varier du bleu-gris au bleu indigo. *A l'état d'aluminate* (2) le cobalt produit les nuances vert-bleu, outremer et turquoise.

Le mélange du cobalt et du fer donnant suivant les proportions des teintes qui varient du gris clair au noir, il est bon de prendre de grandes précautions en peinture lorsqu'on emploie des bleus avec des rouges, des chairs, des bruns ou des ocres. Il s'ensuit naturellement que lorsqu'on veut avoir de belles nuances bleues il faut éviter l'usage de pinceaux qui auraient servi à l'une des couleurs de fer sans avoir été parfaitement nettoyés.

3° COULEURS D'OR. — La base des couleurs d'or pour la peinture est le *pourpre de Cassius*, composé d'or et d'étain. Seul, il donne différents tons qui varient du lilas au violet foncé. Modifié par l'argent et par des fondants spéciaux, il fournit les carmins et les pourpres.

On comprend sous le nom de *couleurs d'or*, les lilas, tous les carmins, la laque carminée, le mauve, le cramoisi, le rubis, le pourpre carminé et tous les autres pourpres, les roses, les violets dits *violets d'or*.

Lorsqu'on fait cuire à la moufle les *carmins* à une température trop basse, l'argent prédomine et la couleur prend une teinte jaune sale; si au contraire la température est trop élevée, la nuance de l'argent est complétement détruite et le carmin passe au lilas ou au violet, — ce qui explique la difficulté de la cuisson des carmins. Les mêmes effets ont lieu pour les *pourpres*, mais d'une manière beaucoup moins sensible, la nuance étant plus foncée et le cassius en plus grande quantité.

---

(1) Le silicate de cobalt est composé de silice (sable ou silex), et d'oxyde de cobalt, fondus ensemble.

(2) L'aluminate de cobalt est composé d'alumine et de cobalt chauffés à une assez haute température.

DEUXIÈME GROUPE

COULEURS PEU SENSIBLES A DES TRACES DE FER

1° JAUNES. — Les jaunes de peinture doivent leur principe colorant à l'antimoine auquel on ajoute, suivant les teintes à obtenir, du zinc et du fer à différents états d'oxydation. Il y a bien entendu exception pour le jaune d'urane (à base d'urane) et pour le jaune à l'argent (à base d'argent) employé sur cristal et vitraux.

Le jaune à l'argent ne se mêle pas en peinture : on doit toujours l'employer seul. Le jaune dit jaune d'argent ne contient pas d'argent : il est composé de jaune jonquille et de jaune orangé.

On préfère généralement, pour obtenir des verts frais, employer les jaunes *sans fer* (jaune à mêler et jaune jonquille). Pour mélanger avec les couleurs de fer, on prend au contraire les jaunes qui en contiennent déjà.

2° VERTS. — Tous les verts de peinture, surtout pour la palette n° 1, sont dus au chrôme modifié par le cobalt et l'alumine. Souvent on les mélange, en fabrication ou à l'emploi, avec des jaunes d'antimoine.

TROISIÈME GROUPE

COULEURS A BASE DE FER OU DONT LE FER EST UNE DES PARTIES COLORANTES

1° ROUGES, CHAIRS, BRUNS-ROUGES ET VIOLETS DE FER. — Ces couleurs s'obtiennent par des oxydes de fer plus ou moins calcinés.

Les *rouges-chair* sont ainsi nommés parce qu'ils s'emploient souvent pour le ton chair des figures.

2° BRUNS, BRUNS-JAUNES, OCRES, NOIRS, et une grande partie des GRIS.

La plupart des *bruns* doivent leurs teintes à des mélanges de cobalt et de fer à divers états de combinaison ; ils renferment souvent aussi du zinc. Les bruns-jaunes et les ocres sont en général produits par le mélange du fer et du zinc : tels sont particulièrement ceux de la palette n° 1.

Les beaux *noirs* sont ordinairement fournis par le cobalt modifié par du fer, comme pour les bruns ; seulement, dans ce cas, c'est le cobalt qui domine en quantité. On obtient également des noirs en ajoutant au fer, du cuivre et même du manganèse pour diminuer la quantité de cobalt, mais ces noirs sont moins tingents.

Tous les *gris*, sauf celui de platine (à base de *platine*), sont dus à des mélanges de couleurs des divers groupes: noirs, bleus, rouges, jaunes, suivant les tons qu'on désire obtenir.

COULEURS SPÉCIALES POUR FONDS

Les couleurs *spéciales pour fonds* ne s'employant pas en peinture, il est moins important de faire connaître leur composition. Elles proviennent quelquefois de mélanges de couleurs, et souvent d'addition de fondant à certaines teintes de la palette. Je citerai seulement le *corail* et les *verts d'eau*.

CORAIL. — La couleur corail (2ᵉ groupe) ne s'emploie jamais en peinture; elle tire sa teinte du *chromate de plomb*. Comme le *chromate de plomb* est facilement décomposable par la chaleur, on comprend aisément le peu de fixité de cette couleur qui passe souvent, sous l'action d'une forte température, au jaune et même au verdâtre (coloration du chrôme).

VERTS D'EAU. — Les verts d'eau n'entrent pas dans la palette à peindre. Ils sont dus généralement au *cuivre* (1ᵉʳ groupe).

Il existe aussi des verts d'eau à base de *chrôme* (2ᵉ groupe); ils sont moins fins de ton que ceux à base de cuivre, mais ils ont l'avantage de mieux résister au feu et de ne jamais présenter après la cuisson cette teinte gris-noir que prennent quelquefois les fonds posés avec des verts de cuivre.

COULEURS AU GRAND FEU POUR FAIENCE COMMUNE

Ces couleurs n'ont pas toutes la même composition que les couleurs vitrifiables au feu de moufle ordinaire. Ainsi, les *violets* sont dus généralement au manganèse; les *roses* au chrôme et à l'étain (chromate d'étain); quelques *verts* au cuivre qui donne les jolies teintes *bleu-turquoise* sous l'influence de la potasse et de la soude.

III

COMPOSITION DES PALETTES

COULEURS FINES EN TUBES

PRÊTES A L'EMPLOI

N° 1. — PALETTE GENRE SÈVRES

POUR LA PEINTURE SUR PORCELAINE DURE ET SUR FAÏENCE FINE.

(FEU DE MOUFLE ORDINAIRE)

Presque toutes ces couleurs s'emploient indifféremment sur la porcelaine dure et sur les faïences fines de Creil et Montereau, de Choisy-le-Roi, de Sarreguemines. On peut également s'en servir sur le Gien ; toutefois, les rouges et les bruns résistent moins au feu sur cette faïence.

Les peintures sur faïence fine doivent cuire au feu dit *de carmin* n° 1, un peu moins élevé que le feu pour peinture sur porcelaine dure.

Toutes les couleurs de la palette n° 1 , bien que spécialement préparées pour la peinture, peuvent aussi être employées en fonds.

Blanc chinois ; blanc fixe.
Bleus : ciel azur ; ciel clair ; foncé ; ordinaire ; outremer riche ;
    bleu riche ; bleus spéciaux pour faïence fine (terre de pipe).
Bruns : n° 3, ou bitume ; n° 4 foncé, ou 17 ; brun jaune ; M, ou
    108 ; brun rouge riche ; sépia.
Carmins : tendre A ; tendre n° 1 ; n° 2 ; foncé.

Fondant général.
Gris : n° 1, ou tendre ; n° 2 ; perle ; gris-noir ; gris-roux.
Jaunes : d'argent ; d'ivoire ; jonquille ; à mêler ; orangé.
Laque carminée.
Noirs : corbeau ; d'ivoire.
Ocres.
Pourpres : rubis ; cramoisi ; riche.
Relief.
Rouges : capucine ; chair n° 1 ; chair n° 2 ; chair foncé ; laqueux ;
    orangé.
Verts : pré ; brun ; noir ; n° 36, T ; vert bleu riche ; chrôme, 3 B ;
    chrôme riche ; émeraude ; H 24 ; pomme ; russe.
Violets : de fer ; d'or clair ; d'or foncé.

N° 2. — PALETTE POUR FONDS
SUR PORCELAINE DURE ET SUR FAÏENCE FINE
(FEU DE MOUFLE ORDINAIRE)

COULEURS SPÉCIALES POUR FONDS.

Ces couleurs ne doivent *jamais* être employées que *seules*, pour *fonds*, et jamais en *peinture :* autrement, elles pourraient détruire toute l'harmonie du travail.

La couleur *maïs* présente cette particularité qu'une fois *cuite* elle se comporte absolument comme une couverte de porcelaine, et peut alors recevoir, sans enlevage, l'application d'autres couleurs.

Les couleurs spéciales pour fonds sont les suivantes : café au lait — carmélite — chamois — corail — Isabelle — jaune chinois — lavande — lilas fusible — maïs — mauve — rose Pompadour — saumon — turquoise bleu — turquoise vert — vert d'eau au chrôme — verts d'eau au cuivre : n° 36, n° 1, M., J.

PALETTE POUR FAIENCE COMMUNE OU A POELE
(AU FEU DE MOUFLE ORDINAIRE).

Beaucoup d'artistes sérieux sont d'avis que les *palettes* ci-dessus conviennent à la peinture sur faïence commune au feu de moufle ordinaire, sous le bénéfice de quelques observations que nous donnons plus loin. C'est l'opinion de M. Ch. Houry, si compétent dans cette question.

N° 3. — POUR FAIENCE COMMUNE OU A POELE

(AU GRAND FEU.)

A ce numéro correspondent deux palettes de peinture, l'une *sur cru*, l'autre *sur couverte*, comprenant les couleurs suivantes :

Bleus : clair, et foncé.
Bruns.
Jaunes : clair, foncé, jaune d'or.
Noir.
Pinck : rose, et rose rouge.
Rouge ancien,
Verts; clair, et foncé.
Violet.

N° 4. — POUR PORCELAINE PATE TENDRE,

GENRE VIEUX SÈVRES. — PALETTE DE PEINTURE.

Blanc.
Bleus : clair, riche, outremer.
Bruns : n° 17 ; n° 108 ; brun jaune.
Carmin riche.
Cramoisi ou pourpre cramoisi.
Jaunes : d'ivoire, jonquille, orangé, d'urane.
Noirs : corbeau, et d'ivoire.
Ocre.
Verts : vert bleu, vert chrôme, vert émeraude, vert H., vert
    pré, vert russe.
Violet de fer.

N° 5. — POUR PORCELAINE PATE TENDRE,

GENRE VIEUX SÈVRES. — PALETTE POUR FONDS.

Bleu tendre, bleu dur. — *Rose.* — *Turquoise* vert, et turquoise
bleu. — *Vert.*

N° 6. — ÉMAUX ET GRISAILLES POUR VITRAUX

1° ÉMAUX.

(NOTA. Tous les Émaux ci-dessous s'emploient pour peindre, sauf le vert de cuivre.)

Bleus : n° 1, fin ; 1/2 fin : indigo Choisy-le-Roi ; indigo A.
Bruns : n° 1 ; n° 2 ; M ; brun rouge J.

Jaunes : mat; 1/2 mat; M à peindre; **transparent clair** ; transparent foncé ; jaune à l'argent fort; jaune à l'argent ordinaire.
Noir corbeau.
Ocres.
Pourpres : carminé; riche.
Rouges : capucine; chair foncé; chair L; chair orangé vif; feu.
Verts . vert bleu transparent; chrôme 1/2 transparent; de cuivre; transparent n° 1 ; transparent n° 2.
Violets : d'or foncé; d'or clair.

2° GRISAILLES ORDINAIRES POUR LE TRAIT.

Grisailles ordinaires : noire ; brune ; rouge.
Trait noir D (rouge à l'emploi).

3° GRISAILLES FINES A PEINDRE.

Grisailles fines : A (noire); B (brune intense); C (violacée); D (brune).
Grisaille teinte de chair.
Grisailles L : noire; brune.
Couleur à modeler.
Bistre : clair; foncé.

4° MOUSSELINES ET DÉPOLIS.

Blancs pour mousselines.
Dépolis : blancs; verdâtres.

N° 7. — PALETTE POUR OPALE ET CRISTAL

1° COULEURS DE PEINTURE,

Blanc relief.
Bleu F ou bleu outremer; bleu foncé; bleu clair.
Bruns : n° 4; bitume ; brun jaune ; brun rouge.
Carmins : ordinaire; foncé.
Fondant général pour cristal.
Jaunes : foncé; à mêler.
Noirs.
Pourpres : clair; foncé.
Rouge capucine.
Verts : bleu; brun; chrôme; vert d'eau.
Violets : de fer; d'or.

2º COULEURS POUR FONDS.

Chamois — *Corail* — *Jaune chinois* — *Rose* — *Rouge chair* — *Saumon* — *Turquoise* bleu.

Nº 8. — PALETTE POUR ÉMAIL

Bleus : clair ; foncé ; outremer riche.
Bruns : clair ; foncé.
Carmins : clair ; foncé.
Jaunes : clair ; foncé.
Noir : corbeau ; ivoire.
Pourpre riche.
Rouges — par mélange de jaunes et de carmins.
Verts : vert tendre ; vert chrôme.
Violet d'or.

IV

NOTICES

PAR DIVERS ARTISTES

PEINTURE SUR PORCELAINE

A. Madame B***

17 Décembre 1871.

Madame,

Si Mademoiselle votre fille désire peindre sur porcelaine dure, c'est, je le suppose, parce qu'elle a déjà dessiné et peint, au moins à l'aquarelle, car il ne faut pas croire qu'on puisse se livrer à ce passe-temps avec quelque succès sans études préalables.

La *peinture sur porcelaine* est une peinture comme une autre, à cela près qu'on y rencontre un peu plus de difficultés matérielles ; il n'en faut pas moins savoir dessiner, colorer, et soutenir un effet d'ensemble, surtout quand on veut tout tirer de son propre fonds.

Si votre demoiselle ne veut faire que des copies, cela simplifie beaucoup la question ; mais encore lui faut-il une certaine habitude de voir et de comparer.

Comme vous vous adressez à moi pour vous renseigner, je pense qu'il s'agit de *peindre la figure* ; car chaque genre, je dirais presque chaque artiste, a des procédés différents ; la *fleur*, par exemple, exige une palette plus compliquée, et, dans ce cas, vous ne sauriez mieux faire que de vous adresser de ma part à M. Fontaine qui, comme moi, a été longtemps attaché à la manufacture de Sèvres.

Pour la *figure*, quinze ou seize couleurs doivent suffire, ce sont les suivantes :

Le jaune pâle, le jaune brillant, le jaune ocreux, le rouge carminé, le sanguin, l'orangé, le violet de fer, le gris bleuâtre, le gris roux, le brun de bois, le bleu de ciel, le bleu d'azur, le vert bleu-âtre, le vert pré et le violet d'or.

Les pourpres et les carmins sont d'un dangereux emploi, ils ne s'harmonisent pas avec les couleurs précédentes et ne doivent nullement être employés dans les chairs. Il n'en est pas de même pour la porcelaine tendre où ils remplacent les rouges, mais ce n'est pas de cela qu'il s'agit.

La palette indiquée ci-dessus a des tons tendres, qui servent à faire glacer les plus durs, en les y mélangeant. Ainsi le jaune pâle, le gris bleuâtre, le gris roux et le bleu ciel sont des tons tendres, abreuvés de fondant, et qu'il serait dangereux d'employer à une trop grande épaisseur : ils écailleraient au feu. Le gris foncé, le brun de bois et le vert bleuâtre sont au contraire assez durs, c'est-à-dire glaçant mal, si ce n'est à l'aide des précédents ; car l'avantage de cette palette est de pouvoir en mélanger les couleurs sans inconvénient.

Comme les tons tendres se décolorent facilement, tandis que les durs repoussent en vigueur, il en résulte toujours un certain décousu au premier feu. Il ne faut pas s'en effrayer, la retouche remet les choses en état, et le second feu étant plus doux que le premier, il n'y a plus de mécompte.

Si mademoiselle votre fille veut reproduire un portrait, elle fera un calque de sa réduction, et au moyen d'un papier noirci à la mine de plomb, elle la décalquera en se servant d'une pointe d'acier, sur une plaque de porcelaine préalablement essencée et séchée ; puis avec le carmin de sa boîte d'aquarelle elle repassera finement le trait qui doit disparaître au feu, mais qui est nécessaire pour mettre les effets bien en place.

Une des choses qui rebutent le plus les commençants, c'est de sentir patiner la couleur sur l'émail, lisse et brillant, au point de rendre toute exécution impossible. Il faut donc d'abord couvrir la plaque d'un ton neutre et léger qu'on laisse bien sécher, après quoi l'on peint facilement, à la condition de ne pas fatiguer le dessous, qui ne servirait plus à rien.

Le jaune pâle additionné d'une pointe de violet de fer et de bleu ciel tendre forme un ton favorable, qui aide même à faire glacer ceux qu'on superpose.

Sur cette préparation on couche franchement et largement ses localités, et, quand celles-ci sont suffisamment ressuyées, on met les ombres, puis on modèle délicatement ses demi-teintes. Il est inutile de pousser trop loin cette peinture avant le premier feu ;

moins la première couche est travaillée, mieux cela vaut; quand on repeint après la cuisson, le dessin n'étant plus mobile, on n'éprouve plus de difficultés d'exécution.

Les couleurs comme les vend aujourd'hui M. Lacroix, évitent la peine de les broyer, énorme avantage, car cette opération occasionnait une grande perte de temps autrefois. Il faut néanmoins les mélanger avec assez d'essence grasse pour obtenir l'apparence de la couleur à l'huile, et emplir les trous de sa palette de ses différents tons; puis lorsqu'on veut s'en servir, on prend avec la pointe du couteau la quantité de couleur employable dans la journée et on la délaye à nouveau avec de l'essence de térébenthine simple (1). L'essence grasse facilite l'emploi de la couleur; mais il ne faut pas en abuser, la peinture se gripperait à la cuisson.

Je m'estimerai heureux, Madame, si ces petites recettes, que je vous donne pour ce qu'elles valent, peuvent aider Mademoiselle votre fille à réaliser ses projets, et je vous prie d'agréer l'expression de mon dévouement.

THÉOPH. FRAGONARD,
de la Manufacture de Sèvres.

La Demoiselle dont il est question désirant en outre connaître les conditions dans lesquelles se traitait la fleur, M. Fontaine, après avoir pris lecture de la lettre précédente, y ajouta la note qui suit :

Pour première condition, la fleur demande une grande fraîcheur de tons, et l'emploi des pourpres et des carmins y étant indispensable il faut surtout un soin extrême pour ne pas en altérer la valeur, car ces couleurs paraissant grises à l'emploi, et ne se développant que par le feu, sont très-susceptibles d'altération sans qu'on puisse s'en apercevoir avant la cuisson.

La préparation indiquée pour la figure ne vaudrait rien ici, car si elle est favorable aux rouges elle est nuisible aux carmins; aussi notre palette n'est-elle pas bornée à l'emploi de telle ou telle couleur. Chaque fleur, pour être bien rendue, présente un nouveau problème, et il est indispensable que le professeur indique le moyen de le résoudre.

On comprend qu'il y aurait, dès lors, matière à un traité fort étendu et fort inutile, car n'ayant pas à faire une application im-

---

(1) À la date de cette lettre, les couleurs *en tubes* n'étaient pas encore mises en vente.

médiate de ces différentes solutions, on ne chercherait même pas à les comprendre.

Je ne pense donc pas que l'on puisse se passer de l'expérience du professeur.

A M. Lacroix à faire valoir ses couleurs si appréciées des artistes.

FONTAINE,
de la Manufacture de Sèvres.

(M. Fontaine, qui se sert depuis plusieurs mois des couleurs en tubes, m'autorise à dire ici qu'il en est très-satisfait.)

Août 1872.   A. L.

A Monsieur Lacroix, chimiste.

Le 15 août 1872.

Monsieur,

Les couleurs sur porcelaine devant subir l'action du feu, il faut une grande pratique et beaucoup de soin pour arriver à peindre avec quelque certitude de ne pas voir son œuvre abîmée à la cuisson.

Lorsqu'on ajoute aux couleurs trop d'essence grasse, elles *grippent* au feu. Si elles sont employées à une trop grande épaisseur, elles *écaillent*.

C'est pourquoi je ne pourrai vous donner ici qu'un aperçu très-restreint pour guider dans le choix de leur palette les personnes désirant peindre *la fleur*. Je supposerai comme exemple un bouquet renfermant des roses, des lilas, des roses blanches, des renoncules jaunes et rouges et des capucines, et j'indiquerai rapidement les procédés que j'emploierais moi-même en me servant de vos tubes de couleurs toutes préparées.

ROSES. — La bonne réussite des carmins nécessaires pour peindre les roses dépend beaucoup, non-seulement de la qualité première de la couleur, mais encore de son bon emploi.

Éviter l'usage du couteau de fer. Si la couleur est durcie, prendre la molette. Souvent la fraîcheur de la nuance est détruite au feu par des traces de fer du couteau ou par l'usage d'une glace à broyer imparfaitement nettoyée. Ce n'est donc qu'avec de grandes précautions qu'on obtient la nuance réelle de la couleur. Le carmin n° 2 est employé par couches minces et étendues pour la lumière ; le carmin riche sert pour les foncés et les cœurs ou glacis sur le n° 2, puis enfin la laque carminée donne les tons puissants. Comme les carmins changent beaucoup au feu, il est utile de faire quelques essais préalables pour se rendre compte des variations des nuances. Les gris (que j'appelle gris à carmin) composés de carmin n° 2 mélangé avec de petites quantités de vert bleu, et les tons rouillés dus au carmin n° 2 modifié par le jaune à mêler, complètent à peu près les tons de la rose.

Fleurs bleues et lilas. — Votre bleu Victoria est très-précieux ; il sert à faire des fleurs bleues plus ou moins foncées, par son mélange au bleu de ciel. On obtient les lilas et les mauves en ajoutant à ces bleus des carmins en quantités variables, selon les nuances désirées. Le violet de fer se mêle parfaitement au bleu qu'il grisonne et auquel il donne un ton très-fin ; c'est un essai que pourtant peu de personnes se permettent.

Le bleu ordinaire et surtout le bleu riche, très-puissant, mêlés au pourpre, donnent des tons très intenses.

Roses blanches. — Dans les roses blanches et les fleurs blanches, on réserve le blanc de la porcelaine pour l'extrême lumière ; le blanc fixe donne le relief, puis votre jaune d'ivoire, votre gris tendre et vos gris foncés, avec reflets jaunes clairs et foncés fourniront les transparences et les cœurs des fleurs.

Fleurs jaunes. — Les fleurs jaunes s'ébauchent avec le jaune à mêler, qui donne les lumières, puis le jaune foncé et l'ocre. Au lieu d'ombrer avec l'ocre qui donne des tons durs, je recommande un gris très-précieux, gris pour jaune, où le jaune (bien entendu) entre pour la plus grande partie. Ce gris est composé de jaune foncé ou d'argent auquel on ajoute une pointe de pourpre ou de violet d'or et très-peu de vert bleu. Il sera bon, comme pour les carmins, de faire des essais préalables au feu pour la composition de ce ton dont la nuance change à la cuisson.

Les verts jaunes, employés après coup sur les jaunes, glacent très-bien ; si l'on a à faire des panaches rouges dans les jaunes, s'assurer s'ils tiennent le rouge, dans le cas contraire en réserver la place.

Fleurs rouges. — Employer le rouge chair pour lumière, le rouge capucine et le rouge foncé, puis les violets de fer et les gris roux pour les fuyants, et repiquer de rouge suivant le plan. — Le jaune pour les chairs, ou jaune d'ivoire, s'ajoute en petite quantité au rouge pour lui donner du glacé, de même que le gris roux au violet de fer pour lui donner du brillant.

Quelques mots des verts. — On compose des verts jaunes avec du vert bleu mêlé de jaune clair et de jaune foncé ; — des vert gris avec le bleu de ciel, le jaune clair et le vert bleu, ces deux derniers en petite quantité. — On ébauche avec le vert chrôme, le vert émeraude et les ocres posés en à-plats; on fait les retouches légères avec un ton blond fourni par le vert chrôme, l'ocre et le jaune. — Les retouches puissantes s'opèrent par le vert émeraude mêlé, dans ce cas, à l'ocre et même au brun 108. — Les glacis de vert chrôme riche, de vert chrôme bleuâtre et d'ocres, complètent les verts.

J'espère que ces renseignements, malgré le peu d'étendue de cet aperçu, pourront être utiles aux amateurs.

Recevez, etc.

Riottot,

ex-élève de M. Fontaine.

A M. Lacroix, chimiste.

23 Août 1872.

Monsieur,

Je pense que vous rendez un très-grand service aux artistes et aux amateurs qui s'occupent de tous les genres de *peintures vitrifiables :* sur *porcelaine, émail, faïence,* ou sur *verre,* par l'heureuse innovation des couleurs en tubes, d'un emploi facile, agréable, et qui supprime le plus fastidieux des ennuis, à savoir : le broyage long et fatigant des couleurs.

« Le temps est l'étoffe dont la vie est faite. »

Il ne faut pas l'user en occupations mécaniques indignes de l'intelligence humaine. — On ne saurait trop louer et encourager de pareils progrès qu'il est très-important de vulgariser dans l'intérêt de l'artiste qui crée, comme du fabricant qui produit pour la multitude — *for the million,* disent les Anglais.

Soyez certain que si j'avais eu plus tôt connaissance de l'emploi de vos couleurs je n'aurais pas manqué de les recommander dans mon *Traité général* des peintures vitrifiables où j'avais du reste eu le soin de citer votre maison comme recommandable; croyez, mon cher Monsieur, que je ne saurais mieux faire que de la citer de nouveau en y ajoutant une mention spéciale, dans notre prochaine édition.

Recevez, etc.

Fréd. Goupil,

Peintre de figure attaché aux travaux du personnel fixe
de la Manufacture de Sèvres.

FAIENCE FINE, DITE TERRE DE PIPE.

GROSSE FAIENCE A POELE.

A Monsieur Lacroix, chimiste.

10 mai 1872.

Mon cher Monsieur,

Vous me demandez quelques renseignements sur la manière dont j'emploie vos couleurs sur la *faïence* dite *terre de pipe;* quelques mots suffiront pour cela. La manière de peindre sur faïence est à peu près la même que sur porcelaine; j'emploie indistinctement vos couleurs sur les deux matières. Il suffit de corser davantage les tons sur la faïence ; on peut impunément mettre des épaisseurs de couleur qui donnent de la vigueur et de l'éclat aux tons : l'émail de la faïence étant plus tendre que celui de la porcelaine, le feu a plus d'action sur les couleurs au moment de la vitrification, il les fond davantage, ce qui permet plus de liberté dans le travail et donne un émail d'un aspect plus brillant.

Vos verts (Russe et H) sont très-puissants de ton. Votre outremer est très-précieux parce qu'il se marie parfaitement avec tous les autres tons et leur donne de la finesse, les rouges exceptés, qui disparaissent ordinairement au contact des verts et des bleus. En revanche, les rouges se mêlent bien aux bruns et aux bitumes. En général, toutes les couleurs de votre palette s'harmonisent très-bien entre elles et quelques essais suffisent pour s'en rendre compte.

Ces quelques observations sont également applicables à la *grosse faïence* à poêle de Lœbnitz que j'emploie journellement et sur laquelle j'obtiens d'excellents résultats.

J'ai essayé vos *couleurs en tubes* et j'en suis extrêmement satisfait.

C'est un progrès immense au profit des artistes et des amateurs auxquels vous épargnez le travail si fastidieux et difficile du broyage et de la préparation des couleurs, travail qui (la plupart du temps) n'était pas complet et ne produisait par conséquent que des effets imparfaits.

Avec votre procédé toutes ces difficultés sont aplanies, tout artiste peut aussi bien peindre sur faïence qu'à l'huile ou à l'aquarelle, et en cela vous rendez un éminent service à la céramique qui ne peut que gagner à être à la portée de tous.

Vos *couleurs en tubes* sont particulièrement bien préparées et viennent admirablement au feu sur la *terre de pipe* comme sur la *grosse faïence*. Je suis enchanté des résultats que j'ai obtenus et je vous en félicite pour ma part bien sincèrement.

Tout à vous,

CHARLES HOURY.

PEINTURE SUR VERRE.

A Monsieur Lacroix,

15 mai 1872.

Monsieur,

Le soin que vous avez pris de mettre votre science et votre industrie au service des artistes est un titre à leur reconnaissance, et je ne saurais commencer le travail que vous m'avez demandé sans vous rendre ce témoignage. Votre grand mérite, permettez-moi de vous le dire, est d'avoir compris que le savant doit être l'aide de l'artiste, et que celui-ci a droit à certaines exigences qui ne sont pas de vains caprices.

Si Pierre Levieil avait connu un homme tel que vous, il lui eût donné non-seulement ses commandes d'émaux, mais tous les secrets professionnels conservés dans sa famille et qu'il laissa aux archives du Roi pour se consoler d'avoir vu détruire par le vandalisme pacifique de ses contemporains les verrières de Saint-Merry et tant d'autres, et perpétuer le démenti solennel qu'il donne à ceux qui disaient déjà de son temps (1770) que *les secrets de l'art de la peinture sur verre étaient perdus*.

Ces secrets, vous les avez tous, Monsieur, et bien d'autres encore ; vous n'en faites pas mystère, parce que vous savez qu'en chimie comme en peinture la science et le talent sont au-dessus des *ficelles* d'atelier.

Vous m'avez fait l'honneur de me demander pour le mettre à la disposition de vos clients, une sorte de manuel opératoire qui pût les guider dans l'exécution d'une peinture sur verre, ou simplement satisfaire la curiosité bien légitime des amateurs.

Ce travail pouvait être conçu de deux manières : soit que j'y fisse l'exposition méthodique de tous les systèmes connus en faisant valoir leurs avantages respectifs, soit que j'y développasse en entier le système adopté par mon père et journellement employé par lui. — C'est dans ce dernier sens que j'ai cru devoir répondre à votre demande.

Voici donc comment, avec les verres de Rive-de-Gier, de Jeumont, de Birmingham et d'ailleurs, les émaux de M. Lacroix, du plomb, de l'étain, quelqués drogues, et *maître feu*, on peut faire une verrière historiée et la placer à côté des vitraux de Chartres, de Bourges, de Sens ou de Troyes, sans craindre leur voisinage, pourvu toutefois que l'on mette à son travail le sens artistique et que l'on n'enfourche pas le dada de l'imitation servile des anciens vitraux par le côté gauche. C'est avec ces recettes que les verrières de Saint-Merry se rétabliront, et je suis persuadé que nos neveux ne verront pas s'effacer les émaux que vous nous avez fournis comme nous avons vu pâlir ceux que Jacques de Paroy et que Jean Nogare composaient moins bien et n'osaient pas soumettre à des cuissons suffisantes.

Les premières opérations de la peinture sur verre exigent l'emploi d'un *carton* : c'est-à-dire d'un dessin à la grandeur de l'exécution.

Ce carton sert d'abord à déterminer au moyen d'un calque la place où passeront les plombs, c'est-à-dire le contour de chaque pièce de verre ; ce calque, reporté sur un papier fort que l'on découpe ensuite, donne ce que l'on appelle les *calibres* servant à couper le verre dans la forme voulue. Ce carton sert encore à l'exécution du trait qui se fait comme un calqué en appliquant le verre sur le carton lui-même, horizontalement placé.

En disposant les morceaux de verre sur les dessins, on a soin de ménager entre eux l'épaisseur, l'*âme des plombs*, qui a dû être réservée en faisant le carton de coupe de manière à éviter les déformations. Prenant alors un pinceau à filer d'une grosseur moyenne on trace les différentes lignes du dessin en leur donnant la finesse et la variété convenables.

On emploie pour cet usage une grisaille spéciale (grisaille à trait) que l'on délaye avec un peu de gomme arabique et une partie d'eau pour deux parties de vinaigre. Plus cette couleur est anciennement préparée, meilleure elle est. Après cette opération, les verres sont montés en plomb provisoirement. Quelques peintres verriers se contentent de les réunir sur des châssis de glace au moyen de cire, mais ce procédé supprime l'avantage de retourner facilement les panneaux pour peindre derrière, et il amène de fréquents accidents.

Une fois les panneaux montés en plomb et dressés devant les fenêtres, on commence l'opération du modelage. Une grisaille délayée avec un peu de gomme arabique et assez d'eau pour la rendre bien maniable, est étendue sur le verre du côté du trait (qui ne s'efface pas s'il est fait de la veille) au moyen d'une large et longue brosse en poils de porc (1).

On tamponne de manière à donner un grain d'une finesse que l'on varie, et si l'on veut rendre la teinte encore plus douce on la balaie légèrement en tous sens avec un blaireau.

Quand cette teinte plate est sèche on l'enlève dans les lumières avec des brosses sèches de différentes grosseurs, ou avec une pointe d'acier pour certaines choses délicates. Si la teinte est bien préparée, qu'elle ne tienne ni trop ni trop peu, et qu'on agisse avec la prudence d'un sculpteur qui dégrossit un marbre précieux, on peut arriver par ce moyen à un modelé presque complet. S'il est nécessaire d'accentuer certaines choses ou de refaire quelques traits, on peut avec beaucoup d'adresse faire des retouches à l'eau en prenant pour cela sur une palette de verre un peu de la couleur liquide qui a servi à passer la teinte plate, mais il est beaucoup plus facile de retoucher et de parfaire le modelé avec une grisaille délayée à l'essence. C'est ici surtout que la nouvelle application de vos *tubes en métal* nous a été précieuse, car elle permet d'avoir plusieurs tons de grisailles toujours prêts à servir, et d'y mêler encore le rouge capucine, des bruns, du noir, et généralement tous les tons à base de fer.

Ce procédé de peinture à l'essence permet de travailler long-temps sur la première teinte, sans jamais l'entraîner, et de fondre et d'adoucir le modelé comme on fait en peignant à l'huile. Mais il faut avoir soin, avant d'appliquer les tons, d'humecter d'essence de lavande mêlée d'un peu d'essence grasse la pièce que l'on veut peindre de suite. C'est de la peinture à fresque dans toute l'acception du terme, car si l'on attend pour peindre que la couche d'essence soit sèche, on entraîne en la détrempant la couche de grisaille à l'eau avec quoi elle a fait corps en séchant, et c'est un gâchis à n'en pas sortir.

On voit d'après ces quelques données que la peinture sur verre demande beaucoup de soin et surtout de méthode. Mais nous ne sommes pas au bout, car dans l'application des émaux qui se fait

---

(1) Voici le dosage qui nous a toujours réussi : grisaille, 200 ; eau ordinaire, 170 ; gomme arabique en poudre 7 ½.

au verso des pièces il faut tenir compte de quelques règles de chimie, très-simples, mais essentielles. Par exemple, il ne faut pas mélanger deux émaux dont la nature soit telle qu'une combinaison entre eux déterminerait à la cuisson un changement de couleur ou une altération quelconque. Voilà donc un écueil.

Et sans doute nous serions privé par là de rompre les tons si nous n'avions la ressource de les superposer, ce qui revient au même, puisque notre peinture est transparente.

Cette facilité-là nous sauve, à condition toutefois d'en connaître les règles. Si l'on superpose deux émaux, il faut mettre le plus fusible dessous. Ainsi placé, il sert de mordant et de lien entre le verre et l'émail supérieur. Autrement placé, il traverse et *dévore* l'émail moins fusible, et les phénomènes les plus fâcheux s'ensuivent à la cuisson.

Rien n'est plus agréable que la retouche d'une verrière qui a été peinte selon toutes les règles de l'art, et qui a subi une première cuisson.

La mise en plomb provisoire est plus que jamais de rigueur pour opérer cette retouche d'ensemble d'une façon convenable. Avant de peindre, il faut s'assurer de la propreté des pièces cuites, et polir légèrement avec une pierre ponce et de l'eau les émaux qui, par malheur, seraient rugueux. Ensuite on recuit encore, et s'il y a des doutes sur l'effet on remonte en plomb provisoire pour retoucher à nouveau s'il y a lieu et recuire une troisième fois les pièces qui en auraient besoin.

Telle est, Monsieur, la technique de la peinture sur verre. Je connais d'autres recettes plus modernes, plus expéditives et plus économiques; mais nous n'en usons point, et elles eussent été proscrites par les maîtres dans le temps où les statuts des corporations sauvegardaient la perfection des œuvres et les intérêts des artistes et de leurs clients. Je tiens pour bon le *modus agendi* de mon père, et n'hésite point à le recommander à tous les artistes qui s'occupent et s'occuperont dans l'avenir de ce bel art si décoratif et si éminemment approprié à nos climats.

Veuillez agréer, Monsieur, etc.

GEORGE-CLAUDIUS LAVERGNE.

P. S. — Je n'ai pas cru devoir insister sur les avantages de vos *couleurs en tubes* parce que tout le monde les comprend. D'ailleurs si quelque praticien s'en méfiait je l'inviterais purement et simplement à en essayer. Il verrait bientôt après qu'on lui ferait *beaucoup de tort* en l'empêchant de s'en servir.

G.-C. LAVERGNE.

A Monsieur Lacroix.

25 juillet 1872.

Monsieur,

Ainsi que vous le désirez, je vous envoie une notice sur l'emploi que j'ai fait de vos couleurs et émaux vitrifiables ; je ne donne pas la description détaillée de l'emploi de ces couleurs et de leur fixation sur le verre : elle a été très bien faite et expliquée par M. George-Claudius Lavergne.

Je m'occupe spécialement de faire revivre l'art du peintre verrier dans la décoration des appartements. Cette décoration avait été abandonnée sous le règne de Louis XIV ; ce genre de vitraux ne convenait plus avec l'ornementation qu'on avait adoptée à cette époque ; on avait relégué dans les greniers les meubles sévères de la Renaissance et de Louis XIII pour ne faire que des appartements d'un ton gris et or, rehaussés de peintures. Les vitraux avaient subi le même sort que les meubles : on les avait supprimés pour les remplacer par des verres blancs.

Maintenant que le style de la Renaissance revient à la mode, les vitraux de cette époque sont très-recherchés ; mais on en trouve très-peu ou bien ils sont très-détériorés et alors il faut les restaurer ; c'est pour ce travail que vos couleurs et surtout *les couleurs mises en tubes* nous sont d'un grand secours. J'ai pu restaurer des vitraux de la Renaissance rehaussés par des émaux de différentes couleurs avec le plus grand succès et défier les plus fins connaisseurs de les distinguer d'avec les anciens, car le mode d'emploi est le même que celui dont ils se servaient ; l'important est d'avoir des verres convenables et de bien conduire le feu, ce n'est que l'expérience qui peut faire arriver à un bon résultat.

J'ai pu constater dans le grand emploi que j'ai fait de vos couleurs leur solidité et leur bonne vitrification ; il n'arrivera pas à nos vitraux ce qui est arrivé à ceux de Jean Cousin et de tant d'autres peintres verriers de son époque, dont la coloration a été altérée par les intempéries comme ceux qui sont dans la cathédrale de Sens, etc.

On peut avec vos couleurs faire des vitraux dans le style de ceux qui décoraient les châteaux d'*Écouen*, d'*Anet*, etc., ainsi que les riches habitations particulières de la Renaissance. Ces vitraux étaient en grisailles rehausssées de jaune (au chlorure d'argent ou au sulfure) qui, sans trop atténuer la lumière, donne à l'intérieur dés appartements un aspect agréable et en harmonie avec le mobilier ancien que l'on adopte généralement aujourd'hui.

Je vous engage, Monsieur Lacroix, à persévérer dans vos recherches et à continuer à accroître les matériaux déjà si complets qui nous permettront de varier à l'infini la décoration de la peinture sur verre.

Recevez, Monsieur, etc.,

Em. Bourières,
8, rue des Petits-Hôtels, Paris.

PHOTOGRAPHIE VITRIFIABLE.

A Monsieur Lacroix,

Paris, 14 juin 1872.

Monsieur,

Nous sommes heureux de pouvoir vous dire que les couleurs que vous nous livrez sont tout à fait à notre convenance. Elles ont l'avantage d'être bien broyées et faciles à employer. Votre manière de les livrer *toutes prêtes en tubes* est on ne peut plus commode. Ces couleurs ne laissent rien à désirer; nous les utilisons avec le plus grand succès pour la retouche de notre *photographie vitrifiable.*

Recevez-en donc, Monsieur, nos sincères compliments.

Veuillez agréer, etc.

Dagron,
officiellement chargé de la reproduction photo-
microscopique des dépêches expédiées par pi-
geons voyageurs pendant le siège de Paris.

V

AQUARELLE VITRIFIABLE

M. E. Dumas, fils de l'illustre chimiste, chimiste lui-même et pei-
- gnant avec beaucoup de goût, ne pouvait manquer de s'occuper de l'art
céramique dans lequel son aïeul Brongniart fut si célèbre. Il étudia
l'emploi des couleurs vitrifiables et prit un brevet pour leur complète
préparation sans essence, sous le nom, bien trouvé, d'aquarelle vitri-
fiable.

Comme M. E. Dumas n'a pas cru devoir exploiter lui-même son
brevet, j'ai trouvé utile de m'entendre avec lui pour qu'une licence d'ex-
ploitation me permît de présenter aux artistes tout ce qu'il y a de plus
nouveau : couleurs vitrifiables en tubes préparées à l'essence (1) et aqua-
relles vitrifiables à l'eau.

Les procédés de préparation de M. E. Dumas ont donc été appliqués
aux couleurs de ma palette pour les personnes qui désirent employer
des couleurs sans essence; ces couleurs se trouvent également chez tous
mes dépositaires.

Je laisse maintenant la parole à M. E. Dumas dont je reproduis
l'intéressante notice.

A. LACROIX.

« AQUARELLE VITRIFIABLE »

« Depuis quelques années, le goût des faïences décorées des fabriques de Rouen, de Nevers, de Strasbourg, de Moustiers,
de Marseille et surtout d'Italie est devenu général.

(1) Brevetées comme application industrielle nouvelle de moyens connus.

« On a appris à apprécier à leur juste valeur la richesse des tons, l'élégance des dessins, et leur irrégularité même qui forme une partie de leur charme.

« Plusieurs fabriques importantes de faïences se sont appliquées à en faire des imitations, en mettant au service de ces reproductions les procédés modernes d'impression. Décorer les faïences soit sur émail cru, soit ce qui est plus commode et plus pratique, sur couverte cuite, est devenu une occupation, un passe-temps même, parmi les dames qui s'occupent de peinture ou de dessin.

« La facilité d'exécution, la variété et la richesse des couleurs et des motifs qui permettent de transformer facilement et à peu de frais un simple plat ou un pot de faïence blanche sans valeur en un objet de luxe ou d'ornement, donnent un grand attrait à cette distraction.

« Le seul ennui de ce délassement tient à la nature des couleurs que l'on emploie ordinairement.

« Dans les manufactures, dans les ateliers industriels, les couleurs remises en poudre aux peintres sont broyées par eux-mêmes au moment de l'emploi, avec des essences de térébenthine ou de lavande, dont l'odeur est peu agréable, et dont le maniement présente un certain danger, à cause de leur inflammabilité.

« La nécessité de préparer ce mélange, au moment même de l'emploi, complique le travail et empêche de s'y livrer lorsqu'on n'a que peu de temps de suite à y consacrer.

« Les couleurs auxquelles nous avons donné le nom de *couleurs d'aquarelle vitrifiable*, sont exemptes de ces inconvénients.

« Nous les livrons broyées à l'avance et renfermées comme les couleurs préparées pour le peintre à l'huile, dans des tubes d'étain où elles se conservent indéfiniment sous forme de pâte molle. Elles se délayent dans de l'eau pure ou légèrement gommée et s'appliquent sur la faïence absolument comme les couleurs préparées avec l'essence. Elles n'ont aucune odeur, elles donnent au feu le même résultat que ces dernières, et un de leurs grands avantages sur celles-ci, est que, lorsqu'elles se sont durcies sur la palette au contact de l'air, il suffit de les mouiller légèrement pour pouvoir les employer de nouveau, ce qui permet un travail interrompu.

« La faïence ou porcelaine opaque sur laquelle on veut peindre doit, avant tout, être lavée à grande eau, jusqu'à ce qu'elle se mouille bien sur toute sa surface et ne présente plus aucune trace de graisse ou de poussière.

« On opère parfaitement ce lavage avec de l'eau chaude dans laquelle on met quelques gouttes d'ammoniaque, quelques cristaux de carbonate de soude ou un peu de cendre ; mais, dans la plupart des cas, l'eau froide pure ou mélangée avec un peu de craie (blanc d'Espagne), suffit parfaitement.

MANIÈRE D'OPÉRER.

« On peut peindre sur toute espèce de faïences à pâte rouge ou blanche, la porcelaine opaque, la demi-porcelaine du commerce.

« Pour peindre sur la porcelaine, il faut employer des couleurs spéciales ; cependant on peut obtenir avec nos couleurs de beaux résultats, en peignant la porcelaine sur couverte cuite.

« Voici comment on doit opérer :

« Quand on a fait le choix d'un dessin, on le calque, avec soin, sur un morceau de papier ou de toile à calquer. Ce calque exécuté, on interpose entre lui et l'objet à décorer une feuille de papier couverte de sanguine ou de mine de plomb ; on fixe le dessin sur l'objet avec un peu de cire à modeler, on en suit exactement les traits avec une pointe mousse, et le dessin se trouve exactement reproduit.

« On peut aussi dessiner avec un crayon de mine de plomb un peu tendre, sur du papier ordinaire, l'appliquer sur l'objet du côté du crayon, et en frottant sur le papier avec l'ongle on obtient facilement la reproduction du dessin. Enfin un dernier procédé plus simple encore consiste à enduire avec un pinceau le fond de l'objet à décorer d'une très-légère couche de gomme arabique très-étendue d'eau.

« Quand la surface est sèche, ce qui a lieu très-rapidement, on peut dessiner sur l'objet lui-même.

« Le dessin reproduit, on exprime sur la palette les couleurs dont on veut se servir et on a soin, pour les appliquer, de les étendre d'eau, de manière à ne pas faire d'épaisseur, ce qui nuirait à la netteté du dessin après la cuisson.

« On fait d'abord les demi-teintes en ménageant les blancs dans le fond et ensuite on place les ombres.

« La peinture terminée, on met sécher les objets à l'abri de l'humidité et on les envoie à la cuisson.

« Une règle générale qui peut servir à apprécier l'application des couleurs, est celle-ci : toutes les fois que la couleur desséchée produit un ton bien mat, sans aucune partie brillante, on est sûr que la peinture a été bien exécutée et qu'elle produira un bon résultat à la cuisson. Si les couleurs restent brillantes, c'est qu'on ne les a pas étendues d'eau suffisamment et on doit craindre qu'elles s'écaillent à la cuisson.

« Du reste, nos couleurs offrent la facilité de pouvoir aller au feu plusieurs fois. Dans le cas où l'objet décoré présenterait, après la cuisson, quelques imperfections qui nuiraient à sa netteté, on peut le retoucher et le faire cuire plusieurs fois sans altérer en aucune manière la beauté des couleurs ou du dessin. »

VI

INDICATIONS DIVERSES

PROFESSEURS

Porcelaine et Faïence fine.

Mmes BAUDOUIN, 71, boulevard Voltaire.
DELAMARDELLE (la baronne), 46, rue de la Victoire.
LEDOYEN, 90, rue du Faubourg-Saint-Honoré.
Mlles DESBIRONS, 136, boulevard Magenta.
FRANÇOIS, place du Louvre, mairie du Ier arrondissement.
HAUTIER (Eugénie), 58, rue Notre-Dame-de-Lorette.
PEIGNOT, 18, rue de Chabrol.
SABAUD, 19, avenue Parmentier.
MM. FONTAINE, *de la Manufacture de Sèvres*, donne des leçons à son domicile, 133, rue Vieille-du-Temple.
GOUPIL (Fréd.), peintre de figures, attaché aux travaux du personnel fixe de la *Manufacture de Sèvres*, 164, Grande-Rue, à Sèvres.
RIOTTOT, ex-élève de M. FONTAINE, 21, rue Saint-Quentin.
SABOURIN, 51, rue de la Villette.

Vitraux.

MM. GUERNET (Auguste), 54, rue de La Condamine (Batignolles).
RÉMY, 127, boulevard Ménilmontant.
VOLNY, 8, rue du Cherche-Midi.

CUISSON

MAISONS OU L'ON PEUT FAIRE CUIRE LES PEINTURES :

Sur Porcelaine et Faïence fine (terre de pipe).

MM. CAILLE, 44, rue du Faubourg-du-Temple. (Pâte tendre).
CELLIÈRE, 22, rue de la Sorbonne.
ESNAULT, 34, rue de Paradis-Poissonnière.
FAUGERON, 146, rue du Faubourg-Saint-Denis.
RIOTTOT, 21, rue Saint-Quentin.

Sur Cristal et Opale.

M. VOLLÉE, 152, rue du Faubourg-Saint-Martin.

Sur grosse Faïence (grand feu).

M. LŒBNITZ, 4, rue Pierre-Levée.

Sur Vitraux.

M. TIERCELIN, rue Vandamme, 39 et 41; rue Amelot, 70. — Les artistes et amateurs trouveront à leur disposition, dans cette maison, un four de 1^m 50 sur 1 mètre.

MOUFLES.

M. GOYARD, 112, rue de La Folie-Méricourt. — Moufles en tous genres.

OBJETS A DÉCORER.

PLAQUES ET PIÈCES BLANCHES.

Porcelaine. Maison GILLES; VION et BEAURY, successeurs, 28, rue de Paradis-Poissonnière.
M. CLAUSS, 8, rue Pierre-Levée.
Faïence fine. M. E. RONNEAU aîné, 41, rue de la Roquette.
Faïence à poéle. M. LŒBNITZ, 4, rue Pierre-Levée.

VERRES SPÉCIAUX POUR VITRAUX.

MM. ARCHINARD, ROUVIER ET FORT, 69, rue Oberkampf.

COULEURS ET ACCESSOIRES.

Les Couleurs spéciales *employées par les Décorateurs du commerce et les Manufacturiers qui ont des ateliers de peinture, se vendent :*

A PARIS, avenue Parmentier, 8, près l'hôpital Saint-Louis.

A LIMOGES, route de Paris, 22.

A BRUXELLES, Maison DESWARTE, rue de l'Amigo, 21.

A TURIN, Maison ALMAN (Felice).

- On trouvera aux adresses ci-dessus, ainsi que dans nos divers dépôts, tous les articles de peinture nécessaires à l'emploi des Couleurs Vitrifiables.

TABLE DES MATIÈRES

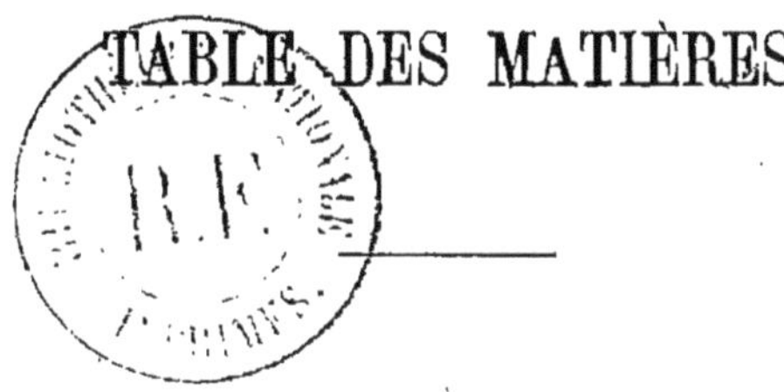

Paris. — Imp. Félix Malteste et Cie, 22, rue des Deux-Portes-Saint-Sauveur.